여우비 오는 날 은여우는

여우비 오는 날 은여우는

이선근

현대시학시인선 097

ㅎ|ㅅ

이선근

전남 순천 출생
2015년 계간 《문학춘추》로 등단
시집 『꽃이 되려는 조건』 『틈새로 달을 품고』
『풀 비린 향기』 『하늘 숨소리』
『겨울나무도 푸르다』가 있음
한국문인협회 회원

leesen100@hanmail.net

❋ 시인의 말

시詩는
나에게 질문을 한다

본질의 문제에 있어서
정직하였냐고
겸손하였냐고

순례길 걷는 순례자처럼
채워진 것을 비워 가면서
시를 쓰고 있냐고

소리 없이도 읊어지는
그런 시

2022년 8월

이선근

차례

❋ 시인의 말

1부

여우비 오는 날 은여우는	12
손수레의 휴일	14
외출	16
내 안에 타인만 꺾고	18
해 · 달 · 별	20
새벽은 또 오고	21
혀 깨물다가	22
허상	24
마음의 산	25
비움	26
숫대	27
반송返送	28
춤추게 하려면	30
나비의 춤	32
때가 되면	33
내심	34
나는 해고다	36
내 그림자	38

2부

봄날	40
가을, 사랑앓이	41
나무의 꿈	42
소리 없이 읊어지는	44
꽃양귀비를 보며	46
샐비어꽃	48
분꽃	49
압화押花	50
난蘭 앞에서	51
감꽃	52
이팝나무 아래	53
타래	54
계절의 경계에서	55
빛의 순수여	56
갈바람은 갈대에	57
환몽幻夢	58
겨울비	59
폼페이의 연인	60

3부

숲을 보면서	64
백비	66
차이	67
어느 칼잡이들에게	68
절대음감	70
탈출속도	72
달항아리 깨진 날	74
길들이다	76
둘의 관계	78
뱁새 다리, 황새 다리	80
무통	82
빗줄기도 뼈가 있다	84
소회所懷	85
음모陰謀	86
돈의 품성을 묻다	88
줏대 없는 목	90
흰 또는 검은	92
칼춤	94
투표	95

4부

무수無愁골 넘어가는 날	98
선비의 길	100
비양도에서	102
바람과 바위의 관계	103
옥정호	104
영벽정映碧亭에서	105
세량지에서	106
불회사佛會寺 가는 길	107
성삼재를 넘으며	108
마운대미에 가는 이유	110
아가미 닮은 귀	112
아프지 않게	113
소호동에서	114
일상 엿보기	116
바람은 알아야 했다	118
꼰지반 하고	120
이별 노래	122

5부

무장대 글눈 뜬 날	124
복호리 사람들 4	126
아버지 웃음에는	128
어떤 무게	129
음미	130
꽃살문 열리듯	132
사랑의 무늬	134
삶의 무늬	135
갓바위, 침묵을 말하다	136
별꽃 피고	137
말바위의 언어	138
곁에는	140
길고양이	141
방어	142
섬진강 붉덩물	144
강물이 되고 싶다	147

* **해설**
자아성찰을 통한 삶의 희망가 | 허형만(시인)

1부

여우비 오는 날 은여우는

여우비 통통 튀며 섬진강 건너온 날
범골에서 숨어 살던 은여우 내려와 재주 부렸다
연둣빛 포플러 잎사귀는 팔랑이었다

"황소 눈깔은 주먹만 하대"
"아냐, 아무리 커도 탱자만 해"

아무것도 모르면서 마냥 우긴 그때가 열 살이었다
한 무리의 애들은 꼬리 자르기를 하면서 앞서가고
은여우, 나보고 저만치 떨어져서 홀로 걸어라 했다

애들은 고구마꽃 핀 밭에 숨어 서리하고
나는 토라진 마음을 아직도 풀지 못한 채
홀로 걷는 길은 질긴 침묵이었다

은여우는 어쩌면 그때 말했을 것이다
"너는, 너의 선택적 침묵으로

말 없는 복종에 저항하고 있는지도 몰라"

여우비 유리벽에 통통 부딪힌 날
도시살이에 맛 들인 은여우 얄팍한 잔꾀만 늘었다
밟히면 자르고, 밟히면 또 자르려고
도마뱀처럼 꼬리는 자꾸 자라났다

포플러 잎은 연둣빛 벗고 제법 성숙한 초록이다
은여우는 말 없는 복종을 원하는데 난 침묵만 한다
익숙한 변명 반복하여 참말인 듯 속이고 또 속인다
속셈 훤히 드러났는데 또 그 속셈 부린다

진짜 꼬리 감추려고 변신에 변신을 하는데
꼬리 밟기 놀이에 빠져 신명만 내고 있었던 거다

여우비 오는 날 은여우는
내 열 살 때 그리움마저 소환해 갔다.

손수레의 휴일

예배당 문 열고 찬양하는 날

그 옆 고물상 철문은 말씀에도 열리지 않았다

골판지를 밥인 양 지고 서 있는 두 대의 손수레

가슴에 새겨야 하는 수인번호처럼

그들만 통하는 1호부터 5호까지 번호가 있다

4호 : 요 며칠 새 1호 영감님 얼굴 볼 수가 없네

5호 : 염병할 코로나가 데려갔을까

4호 : 멈추면 절망 같아서 쉴 수 없었다 하셨는데

넘치도록 마시고 토해서 쓰레기 널브러진

둥긂이 없는 골목을 누구보다 일찍 돌았던 영감님

빵 한 조각에 잇몸으로 마시는 소주도 시렸지만

서글픔을 삭이기에 최고라고 하셨다

철문 열리고 손수레는 익숙하게 저울판에 올랐다

골판지 1kg에 150원, 만 원 남짓한 금액이다
저울은 삶의 무게를 공기 무게처럼 달지 못했다
4호와 5호 등 휜 할머니 듬성듬성한 이가 시렸다

5호 : 2호 3호 부부는 억척같아서 두 탕 한다며
4호 : 그래도 젊었을 때 잘나가는 사장이었대
5호 : 1호는 새로운 사람이 온다네

헌신짝 뒷굽 닳듯 짓무른 타이어와
무릎관절 삐걱거리듯 뒤틀린 바퀴 축으로
어느 분의 발자국을 또 지워갈 것이다
최하층 등급의 손수레 휴일은 끝나간다.

외출

두껍아 두껍아

방향을 잃고 또 방향 찾기 하는 거냐?

어쩌면 네가 살았던 그곳이 멀고도 머언

젖과 꿀이 흐르는 땅 아니었더냐?

비대해진 몸뚱어리로 평생 기어야 하는 운명

오늘처럼

콘크리트 절벽을 만나 본 일이 있었겠나

편해질 거라고 만들어놓은 사람들의 길은

너에게는 강물보다 커다란 장애물

로드킬 당하지 않고 건너온 길을

다시 건너가라고 하기에 너무나 민망한 아침

너의 방향을 잡아주지 못함은

독을 품었을 거라 믿는 굳어버린 내 관념 때문

나도 방향을 잃고

독기 서린 눈 부라린 적 한두 번이었겠나

아무도 바라보지 않은 절벽 너머의 세계

그 너머에 자유가 두려움을 이길 수 있다면
속박을 깨는 것도 해 봄 직한 일
지금 네가 보고 있는 방향이 그럴지도 몰라
땀에 젖은 몸을 씻으며
너의 품은 독만 본 나는 한없이 부끄러웠다
두껍아 두껍아.

내 안에 타인만 꺾고

나의 무명無明은
낯살이나 건사하자고 통통해진 목
한 번도 꺾을 줄 몰라서 왔다

빳빳하게 치켜뜬 째진 눈꼬리
헛된 사랑놀이 즐기려 영혼을 속였다

진실로
상처받은 한 영혼 사랑해 본 적 없고
얍삽한 세 치 혀는 단물만 빨고 있었다

그 버릇 어디 가겠나
쎈 척하니 진짜 쎈놈이 왔다

내 안에 나를 꺾지는 않고
내 안에 타인만 꺾으려 했나 보다

나무는

바람의 무게에 수없이 꺾였기에

상처에 흐른 수지樹脂* 향을 품듯

나이 무게만큼 꺾으며 살아야 했다

나를 보려거든

너를 꺾고 오라 하셨듯이.

* 나무에서 분비하는 점도 높은 액체(나무 상처를 낫게 함).

해 · 달 · 별

햇빛은,
까실하기만 했다면
풀잎이나, 나뭇잎, 심지어
물비늘까지
까끌까끌했겠다.

달빛은,
보드랍지 않았다면
누렇게 익은 모가지
까시락을 세운 보리밭에서
뽀얀 살빛 감췄겠다.

별빛은,
고독한 유영 없었다면
내 설움의 마음자리 끝에서
네가 남긴 그리움이란
별이 되지 않았겠다.

새벽은 또 오고

허락된 환생 시간만큼

살다가 갈 일이다

윤회의 종점에서

내가 뿌린 인연의 풀씨

거두어 갈 일이다

별이 지고 그 하늘에

새날을 포란抱卵하듯

새벽은 또 오고

그새 쪼뼛 자란 뿔 하나

하늘에 닿고 있다.

혀 깨물다가

혀를 자꾸 깨무는 것이
마음에 천근보다 더 무겁게 진 빚이 있었나

혀는
침샘을 자극하는 수플레 한 조각에 녹는데

지금 내뱉고 있는 것이
독침인 줄도 모르고 너무 길게 내두르는 혀

침샘은 마를 대로 말라
혀의 독기는 칼날보다 날카롭게 서려 있다

베지 못할 것이 없다
깊어진 상처만 떠돈다

새들은

혀를 부리 밖으로 내두를 일 없어서
하늘에 진 빚은 없겠다.

허상

고요의 파문에

풍경소리만 깊어지고

천년의 침묵에

염화미소만 내밀했다

바람의 서툰 수행에

가을 끝, 헐벗은

배롱나무만

간지러움에 움찔했다.

마음의 산

마음은 주고받음에 있어

태산이 움직인 듯해야 한다

살갗을 찢고서 핀 꽃도

상처가 아물려면

벌의 수천 번 날갯짓이 필요하다

내가 내 마음을 믿지 못하면

영혼은

고독해진다는 것을 알아야 한다

쉽게 짐작해버린 마음에

태산은 무너지는 듯하다.

비움

낮게 부는 바람에도 눕던
풀잎
이슬방울에 허리 휘었다

한 번 더 굽히고 나면
털어내질 무거움인데

오늘은 어제와 다름없었듯
불면 날아갈 티끌에 빠져서

바람과 이슬 사이의 긴장을
설렘 없이 흘겨보기만 했다

바람의 그림자만 남은
풀잎
비움에 다시 허리 편다.

솟대

솟대 끝에 앉아서도
하늘 끝을 날고 있다

모진 풍상 속
족쇄가 옥죄는 그때도
그대 내면에서는
강한 중력을 거부했다

진실을 기다리는 시간

하늘 끝 노을보다
솟대 끝이 편했다.

반송返送

실체도 없는 존재 앞에서
늘 주고 싶어 했고
늘 받고 싶어 했고
그러다, 아프다 했다

서리꽃처럼 녹을 수 없었나
엮인 수만 개의 마음
더러는 녹슨 모습으로
톱니바퀴에 맞물려 있더라

의미가 퇴색된 사랑에
척추의 신경마저 마비된 이성
순수를 잃기 전
해맑던 그때로 반송하자

꽃잎처럼 흩날리던 그리움

구할 것도 줄 것도 없는데

솔향기 품고 되돌아온다

마음은 붙잡을 일이 아녔다.

춤추게 하려면

바람 숨소리 편하면
풀잎이 춤을 추고
꽃이 춤을 추고
나무도 춤을 춘다

바람 숨소리 거칠면
풀잎은 돌아눕고
꽃은 지 모가지 꺾고
나무도 지 팔 꺾는다

나를 춤추게 하려면
그대는, 머언 고향인 듯
그리움이듯, 사랑이듯
고운 심사로 오거라

그대 심사 뒤틀림 풀면

풀잎이 그러하듯

꽃이 그러하듯

나무가 그러는 듯

내 서슬 잠시 꺾으마.

나비의 춤

나비는 춤 선이 고와

돌고 돌아도 매듭지지 않듯

선이 고우면

베일 듯한 푸른 날은 없고

양분하는 경계의 끝도 없더라

나비가 노닐다 간 꽃에서

빛은 휘어져 산란하던데

시간도 휘어져 늘어지던데

막히면 꺾이고 말, 직선

공간의 고독에 갇힌다

나비춤에 취해

꽃은 절로 씨방을 여는데.

때가 되면

돌 틈에 달빛 그림자 녹으면
도랑은 똘똘 살아나듯

마음 굽이에 패인 주름살 펴면
목련꽃은 벙글고 있듯

겨우내 살갗 애이던 각질 털면
속살은 뽀얗게 돋아나고

흰제비꽃 뜨락에 필 때면
가슴에 멍울은 지워지고 만다

종종거려야 할 운명이라 해도
때가 되면

내심

더러는

허세로 살았으면서

늘 탓만 하였는지 몰라

심지어는

운명은 다 그랬다 자조하면서

질척거린 음험陰險한 이기에

사랑은 의문의 모순만 남았다

먼저 눈을 부릅떴으면서

눈깔 부릅뜨지 말라 한다

겉과 속은 무늬가 달라

믿음도 굴절하는 저 이중성

내심보다

더 솔직한 파도가 말했다

순종해라 너의 순수에.

# 나는 해고다

나를

해고하려 한다

비 오는 날

꽃잎에 붉은 눈물 흐르듯

너의 가슴 한편에서

출렁이도록 흐르는 눈물

바로 보지도,

바로 듣지도 못하고

영혼 없는 사랑만 나열했던

나를 단죄하련다

눈 오는 날

땅속 풀뿌리 움쩍거리듯

너의 뜨거운 심장에서

내보일 수 없는 은밀한 사랑

눈처럼 희어지는데

노을처럼 붉어지는데

옹졸한 사랑만 부풀게 했던

나는 회개하련다

내가 용서될 때까지

나는 해고다.

내 그림자

초등학교 1학년 유빈
뒷좌석에 앉아 시집을 뒤적이다
— 정말, 이걸 다 쓴 거야?
몇 장을 읽다가 어렵다고 덮는다
— 근데 흠이 뭐야?
— 흠이란 말이야…
트집 잡는 일 하도 많아서
조그마한 흠은 부끄럼이 아닌 듯
내 흠은 보지도 못하고
너의 흠만 보면서
시를 몇 편 쓴 적이 있었다
흠의 처음은 티끌만큼 했다
그걸 흠으로 덮고, 가리다 보니
어느덧 괴물처럼 뿔이 솟아났다
— 유빈이는 아직 흠이 없단다
흠이 없는 삶 어디 있겠냐만
너는 내 그림자를 기억하려나.

2부

봄날

더러 늦되어도 좋을 듯하다
백련사 동백꽃 애잔한 붉음 볼 거라고 왔건만
올된 꽃들은 하마 지고
땅바닥을 밟기에도 서럽게
피 울음 붉은 너울만, 너울만 일고 있다
동박새 울음소리 너울 타고
늦된 동백꽃만 그나마 반겨주었다
동박새는 동백꽃을 사랑하매 있어
붉은 너울만, 너울만 이는 피 울음 삼켰더라
숨소리마저 올곧기를 바라는 연인
피 울음 붉은 너울 넘지 못해
가슴에 성호를 그리고 합장을 한다
철은 좀 덜 들었어도 바람은 명료하였다
천불전 앞 홍매 꽃 진 자리에
동박새 울음소리만 슬피 구슬진다.

가을, 사랑앓이

가을에는,

붉게 타야 하는 나뭇잎처럼

편두통을 한 번쯤 앓아야 했습니다

시도 때도 없이 썸벅 저민 듯한

앓음에 쭈뼛 선 털끝

높고 푸른 가을 하늘만 시렸습니다

가을에 사랑앓이 하는 연인처럼

그 속내 쉽게 볼 수 없어서

남겨진 상처에 숨소리만 깊습니다

그랬죠, 서로

마음을 몰라준다고 하면서

마음을 보여주지는 않았죠

연인이여! 저민 반쪽에서는

사랑의 심장 아직도 뛰고 있습니다

푸름을 저며 물든 붉음의 산등성은

가을, 사랑앓이만 깊어집니다.

나무의 꿈

녹아내려야 한다
손끝. 발끝. 머리끝.
상처가 터져 피고름 흘러내릴지라도
서로 얼린 마음 녹여야 한다
백두산 소나무가 녹는다
한라산 소나무가 녹는다
동토의 툰드라기후 몰아내고
시베리아 자작나무까지 녹는다
겨우내 얼어서 바삭거린 나무
다이너마이트* 음률에 맞춰 춤을 추어라
수액은 수관을 타고 끝닿는 곳까지 올라가
온몸은 스멀스멀하다 저릿저릿하리라
말라버린 곁가지 도려내고
푸르게 잎은 돋아나게 하리니
수줍게 꽃은 피어나게 하리니
고목일지라도 녹는 아픔을 두려워 마라

그 품에 둥지 튼 이 땅의 참새들처럼

굳어버린 아픔을 녹이면서

우리도 아우러져 살다 가야 할지니

내가 너와의 분열을 녹이고

네가 나와의 원망을 녹이고

지금, 숭고하게 녹아내리자.

* 방탄소년난 노래 제목.

소리 없이 읊어지는

하늘 무너지는 소리를 내고
한 송이 꽃은 떨어지듯

그대 절개節槪 꺾는다면
내 하늘도 무너져 내릴 겁니다

푸른 별에서 생채기가 더 나듯
혼자 삼키지도 못할 눈물
천년쯤 더 고여 출렁일 겁니다

웃는 일도 시요
우는 일도 시듯
시 없는 사랑은 사랑이 아님을
붉은 노을 끝에서 알았지요

그대 꺾인 절개 지킬 수 있다면

시를 다시, 또다시 쓰겠습니다

소리 없이도 읊어지는

그런 시처럼.

꽃양귀비를 보며

꽃양귀비 하도 절절하여

뜨거워진 심장은 붉음만 토했다

어쩌다 한 번 던진 추파 용서하마

노골적으로 들이댄 바람도 붉음에 섬뜩했다

뜨거움은 또 익어가는 과정

향수에 젖은 기억들이 또 가슴에 불 지핀다

해는 달에 잡아먹혔다

빛의 그늘이 붉음을 덮으니

군주 권세의 머리는 잠시 조아렸다

달아, 삼키기에는 너무 뜨겁다

꽃양귀비 붉음만 절절하게 하고

달그림자 결국은 사라진다.

샐비어꽃

너를 본 것만으로도
업에 묶인 억겁의 한 풀린다
전생을 밝힐 인연의 끈

회백색 그늘만 차가워
머물 눈길도 없는 자투리땅
샐비어꽃 정조만 붉다

더는 천박해지지 않으려
타는 마음에 꽃무늬 지운다
이생의 업 풀려는 듯

해 바라듯 다음 생에는
짙붉은 향기 목마름 없도록
꿈이여든 꿈이여든.

분꽃

그리움 산노을에 묻고
흔들려야 하는
내 마음만 더 서러웠다

들꽃은 피어날 때
꽃샘은 두렵다 하지 않았다
멍울지게 흔들어대도
온몸은 향기로웠다

아! 그랬나 보다
향긋해지려 흔들렸나 보다

들끓는 마음은 열없어
너 앞에서는
별빛에, 수줍어 핀 분꽃처럼
밤마다 흔들리고 있다.

압화押花

천일 넘도록
꽃인 그대

동정童貞의 순결純潔보다
순수를 바랐던
그대 영혼

삶을 널브려 봐야
한 줌 안 되는 것을

애타는 인연 거두듯
가슴에 묻는다
상상 압화로.

난蘭 앞에서

잎은 고스러져
관심도 두지 않았는데
한로 무렵, 너는
꽃대를 우뚝 솟아냈다.
미약한 생명에도
그 안에 가지고 있는
오기 하나까지
불뚝 세울 수 있음을
보이기라도 한 듯
꽃대는 꼿꼿했다.

감꽃

새벽, 후두두 떨어진 감꽃
하얀 웃음 짓는
그런 눈물이라면 좋겠다

내, 내면의 바다여
너 앞에서 출렁임을 끝내고
잔잔해지면 좋겠다

떨어진 감꽃을
구슬처럼 꿰어 가슴에 걸고
너라고 했으면 좋겠다.

이팝나무 아래

한스러웠을 보릿고개,
하얗게 하얗게
고봉밥 들고
이팝나무 아래
올해도 서 계시는
어머니
마음만 쌓이는구나

원망스러웠을, 당신의
보릿고개 사라지니
욕망이란 고갯길 만든
나의 여정에
이팝나무 아래
떨어진 꽃잎처럼
마음만 쌓이는구나.

타래

엮인 일생의
타래를 풀고서야 피어났을 꽃
그러므로
향기는 꽃의 심장 소리라

한번은 피었다가 져야 꽃이듯
물레를 감고 감아 도톰해진
타래를 풀 줄 알아야 비단이지

꽃씨 하나 눈 틔운다는 것은
애태우다 메마른 가슴에
향기가 깊게 밴다는 것이리라

인연에 엮인 타래 풀고 나면
산을 지우는 꽃노을 붉으리라
저 꽃인 양, 나도.

계절의 경계에서

마음에 회벽 치듯

딱 부러지게 보이지도 않는

경계의 끄트머리에다

선 긋고 싶어 혈안이었나

반동의 대립으로

자꾸 회벽 치다 보면

하늘도 그리 보이고

땅도 그리 보이고

마음은 생채기만 날 것인데

여름은 봄이 불러왔기에

남방 열풍을 견뎠고

겨울은 가을이 불러왔기에

북방 한풍을 견뎌내듯

계절은 이렇듯 하염없는데

괜한 마음으로

경계선 긋고 있었구나.

빛의 순수어

빛은 어둠을 만나서
순수해진다
속살처럼 그늘이 없는
성체를 닮은 빛이었나 보다
빛은 산란하면서 나비가 된다
꽃에 스미면 꽃을 보이고
마음에 스미면 마음을 보이고
장막이 드리워져
절망의 분단이 깊은
칠흑 같은 어두운 땅
빛이여 산란하여라
빛을 담고 흐르던 강
물무늬 만들어 춤추었느니,
마음속 녹슨 불신 때문에
서로가 절망에 처하면
따숩게 산란하여라
빛의 순수여.

갈바람은 갈대에

갈바람은 갈대에

푸르름을 벗고

갈색으로 물들라 한다

갈대는 봄부터

상심도 없는 바람 앞에

수없이 허리를 굽혔다

갈꽃 하나 피우기 위해

참고, 참으면서

갈바람은

허세를 벗으니 정직했다

갈색이 된 몸 어르고

굳은 허리 휘지 않도록

갈꽃만 어루더듬다 간다

갈대로 살아온 운명

내가 너를 사랑한다.

환몽幻夢

꽃은, 흔들어대는
바람의 설움을 꽉 물고서
꿈을 꾼다지
이생에서 지고 나면
뿌리로 되돌아가
어둠의 빛 억겁의 침묵에
꿈틀꿈틀 허물 벗겨내고
다음 생에도
꽃으로 필 거라고
기도하고 또 기도한다지
비록 환몽일지라도.

겨울비

매화여! 어쩜

너의 향기 짙게 하려

겨울비 온다

아리고 시리던

꽃샘의 붉음보다

뼛속은 더 에일 거다

꿈틀 녹는 몸짓은,

움 틔우는 사랑

하늘도 허락한 환생

내 먼 가슴 적셔 줄

사랑의 향기

어느 꽃에서 여무나.

폼페이의 연인

파도 거센 만큼 욕정은 부풀었다
남근 형상의 이정표는
습하고 끈적이는 골목 끝에서 멈췄다
염분에 간이 밴 욕정 배설하듯 쏟아내자
팔월의 불볕에 포도알도 시큼해진다
부정할 수 없이 타락한 귀족들은
깃털을 목구멍에 쑤셔 넣고 토한다
토한 만큼 또 먹고 살만 피둥피둥 쪘다
카피톨리 신전에 받들 듯이 모셔진 신은
베수비오산 폭발 앞에 무력했다
79년 8월 24일 낮 1시에 시작하여
밤을 지새운 아침에 심판은 끝났다
영혼 없는 사랑은 타락한 쾌락만 남기고
폼페이는 태초의 혼돈으로 돌아간 거다
타락으로 물든 사치의 흔적들
붉은 용암에 녹고 화산재에 묻혔다

영혼의 시간에 멈춘 사랑은

마지막 남은 숨 하나까지 서로 나누며

이천 년의 세월을 부둥켜안고 환생했다

가슴 울린 아련한 사랑 하나 간직했을

폼페이의 연인이여!

3부

숲을 보면서

참을 보려고, 잠시 거리 두기 한 거야
껍데기 벗겨지고
드러난 속살 그것도 참은 아니었지
한 번에 밑바닥까지 볼 수 없을 때
그 속 참으로 깊다고 하지만
겹겹이 포장을 하고, 속이는지도 몰라
이슬이 머금고 있는 새벽빛
그처럼 훤히 드러나도 부끄럼 없음에
참이라고 해야 할 거야
나무는 바람의 크기를 알고
바람은 나무의 무게를 알고
서로 간절함을 가슴에 품고 살다가도
미칠 듯이 싸울 때는
부러지기도 하고, 벼락 맞기도 했지
서툰 짓도 참이었다면
달팽이 느려서 미어질 만큼

멀리서 바라보아도 보이는 것을

그렁그렁한 눈물 뜨거워질 때

햇살의 음성 들을 수 있듯

속 끓음을 함부로 드러내지 않음은

거짓에 쉽게 보이기 싫었던 거야.

백비*

등 곧은 백비 앞에 서니.

바른 걸음은 외줄 타듯, 등골에서 써늘한 땀 날 일이다. 노여운 말씀도 없이, 회초리의 횟수만 세라고 하시면서 내리치신 회초리 맞는 날처럼. 열 마디 말보다, 한마디 침묵에서 숨소리조차 올곧게 들린다.

* 청백리 박수량을 기리기 위해 명종이 내린 비.

차이

악마라는 것을 숨기기 위해

악마는

천사 짓을 한다

천사라는 것 때문에

천사는

악마 짓을 하지 못한다.

어느 칼잡이들에게

정의는 칼로 세운다고 하지 마라
역사가 정의롭지 못했을 때
너희들의 정의는 어디에 있었더냐?
약자들 삶이 누란에 놓였을 때
너희들의 정의는 무엇을 하였더냐?
칼을 쥐고 휘두를 때
공정한 눈금을 그리지 않았다면
망나니의 칼춤과 무엇이 다르더냐?
정의를 의심받지 않으려면
서슬 퍼런 진검을 쥐고 있을수록
춤추듯 칼을 다루지 마라
칼로 세운 정의는
칼날이 무뎌지면서 허물어진다
쥐었던 칼을 내려놓는 순간
칼끝은 너희들 목을 향할 것이다
억울하게 뿌려진 선혈이 있었다면

그 원한은 두려움으로 두고두고 남아

새벽안개의 저주처럼

너희들의 가슴을 휘두를 것이다.

절대음감

간혹 내 안에서 나는 타인이다

빗소리만 홀로 추락하는 새벽
어제 보내지 못한 미소를 꾹 눌러서 보낸다

감정선 연결 여부는 중요하지 않아
붉은 하트의 개수만 확인하고 감정을 덮는다

새벽 네 시 사십 분
한때 울어 쌓던 직박구리
한 사랑을 고백할 때는 변주變奏 하였다

드러나지 않은 한 음, 한 음에서
꽃은 피기도 하고
꽃은 지기도 하고
마음 짓을 전하는 방법도 거기에 있었다

사랑은, 전송한 하트에 있지 않고

백 번을 들어도 변하지 않은 절대음감처럼

영혼의 소리를 담고 울 줄 알아야 한다

영혼의 소리에

음표 한계 끝에서 명치는 자르르 타고 있다

하늘하늘 사라지는 마음 붙잡고

점차 타인이 되어가는 연습만 단단히 하는지

내 안에서 흔들리며 생긴 음파

타는 음색까지 정확히 진단해야 했다.

탈출속도

빨라야 했나 칼날보다

지구를 탈출하는 속도보다 빨라야 했나

그렇다고 한나절도 지나지 않았는데

마음 변하는 일이 빛보다 빨라야 쓰느냐

광장에서 술렁이는 이야기 하나 흘려놓고

주리는 홀로 손거울 보면서 화장을 유지한다

한 영혼이 타락해 가는 속도는

장막을 걷고 성전에 드는 속도보다 빨랐다

태풍은 눈이 있어 자기중심을 지킨다지만

눈도 없는 너의 이야기에 세상은 술렁이더라

마음에 진 빚조차 속이려고 한다면

석양에 낀 때 벗겨낼 새도 없이 날 저물 건데

탈출속도보다 빠르게 변한 그 자리에
목동만이 아는 숨은 별자리 찾아 저장하리라

이부李夫를 모신 몸 어찌 어사또를 모시오리까
춘향이는 죽기를 각오했나 보다.

달항아리 깨진 날

그대

백옥이 빚은 살빛이다

배꼽 아래 잠긴 청기 눈 시린데

차라리 선은 경계를 지웠다

익숙한 향기 달무리 진 밤

품고 품어서 둥긂을 만들었다

내둘린 바람은 파도의 눈물 되듯

버텨야 하는 삶 너울을 넘지 못한 채

외딴 섬 벼랑에서 난파되었다

달항아리 깨진 날

모서리는 바람을 베고 나도 베었다

흙은 녹아야 빛을 품듯

삶도 녹아서야 향기 발하는 것처럼

백옥이 빚은 살빛이다

그대는

길들이다

길들어지는 운명이 싫어서

나는 시를 쓴다

통통 굴러 희뿌연 먼지 일으킨 군홧발 소리

휘릭 휙 귀청을 전율케 하는 호루라기 소리

다분히 길들어진 줄 알았겠지만

시는 길들어지지 않았다

영문도 모른 채 길들어진 애완동물처럼

누군가를 또 길들이고 싶어

광장에서 깃발을 세우고 있는 사람들

그들이 섬기고자 하는 주인은 누구인가

그 주인은 또 누구의 애완동물이었을까

하늘은 끝없는 별빛 유영을 기다려주고

땅은 적멸한 생명의 환생을 기다려주듯

하늘땅은 높고 깊게 품고 있을 뿐

굳이 길들인다 하지 않았다

우레의 함성과 박수 없이도 피어날 수 있는 꽃

대항할 수 없는 세력 앞에도 꺾이지 않는 지필

길들어질 수 없어 선택해야 할 고독한 지조

내가 나를 타인 보듯 살았을 수많은 세월

속은 줄 알면서 길들어지는

운명의 관성이 싫어

나는 또 시를 쓴다.

둘의 관계

다물어 꽉 깨문 입술은 아픔을 잊은 지 오래다
무슨 말이 들려와도 더는 입 열지 않을 것이다

잎사귀 하나가 장사壯士 손바닥보다 커서
위세가 하늘을 덮을 만큼 당당한 플라타너스
비바람은 그를 온전히 적시지 못한다
밤마다 갓 쓴 백열전구도
희미한 불빛 자락 끝을 붙잡고 있을 뿐
그의 그림자를 전부 지우지 못한다

플라타너스 그늘 아래 배롱나무는
쌈닭 꼬리 깃털처럼
빳빳이 고개를 치켜들 수 없었지만
굽은 등을 친숙하게 바람에 내어주고
배고픈 사람들 흰쌀밥 한번 먹이려고
꽃은 세 번 피고지고 한다

둘의 관계는

기울어진 평등에, 섧지만 평화를 유지 한다

에덴동산 이전부터

힘이 평등해지면 싸움만 벌어졌다

평등은 힘을 가졌을 때만 하는 이야기일 뿐

약자의 말없는 복종을 평화라 하였다

힘없다고 할 말이 없지 않을 터

다물어 꽉 깨문 입술 더 붉다.

뱁새 다리, 황새 다리

뱁새 무리는 서로를 보면서도
다리 짧은 것에 열등하지 않았다
그 다리로 세상을 볼 수 있을까 했지만
세상은 보는 것과 아무런 상관없이
신명나게 살면 될 뿐이다
삶은 뒤뚱거리지 않아 어지럼도 없다

황새 다리는 우뚝 서 있어서
눈높이만큼 높고 멀리 본다지만
뱁새처럼
탱자나무숲 속 시퍼런
가시에 찔리지 않고, 자유로이
아무런 가지에 앉을 수 없다

자기 부정이 없는 삶이라야 행복이다
왜소하다 해서 품성마저 좁겠는가

미약하다 해서 날아갈 꿈마저 없겠는가

짧은 다리 준 것은 넘어지지 않고

살아보라는 뜻이리라

황새 다리 아님은 부끄러움이 아니다

어디서 날아온

황새 가랑이 보고

너는 가랑이 찢지 마라.

무통

어둠을 긁듯 무통주사* 누른다

도시의 잠든 불빛을 잉태한 한강은
새벽 진통을 시작한다
어제의 몸살 다 털지 못한 2호선 첫차
잠실대교 넘어오는 몸짓 무겁다

새벽 불빛의 신음에 깨어서
어둠을 긁어낼 산파들만
산동네 가파른 길 뛰듯이 내려온다

어제의 신음 다 지우지 못하고
오늘의 신음 또 만들어야 하고

불빛에 기댄 그림자처럼
빌딩이 만든 그늘에 아프다 하던 가난

끝끝내 침묵하고 만다

퉁퉁 부은 발소리 멈추면

도시의 잠든 불빛을 또 잉태할 한강

앙다문 통증은 어둠만 긁는다

고독에 기대 잠든 불빛과

읽다 접어놓은 한 권의 시집

두드림의 깊이가 다르게 다가오듯

나는 통증 레벨에 답해야 한다.

* 자기통증조절장치.

빗줄기도 뼈가 있다

기껏 옷깃 적시러 왔겠나
천 길 낭떠러지 성큼 뛰어내릴 때는
구름의 어둠을 지우겠다는 뜻이다
공_空에서 뼈가 자란 세찬 빗줄기
바람 끝 일렁임에도 동요 없이
꼿꼿하게 허리를 편 채 내려와
바위의 단단한 모서리 무르게 하고
흐르고 흐르는 강물에 몸을 합치한다
풀잎에서 영롱하게 방울질 때가 자유다
인연은 쌓는 것 보다 지워가야 하는 나이
내려놓으려면 날개도 무거운 거다
쪼뼷 오르고 싶은 마음은 두려워하자
만인지상의 자리도 내려와서 보면
천 길 낭떠러지 위를 구르던 돌멩이다
뼈가 있어야 내려오는 길 반듯하다.

소회 所懷

물 만난 미꾸라지는
수렁의 진흙탕 속에서 용을 쓰지만 승천할 수 없었다

용은 승천하기 위해서
깊이가 보이지 않는 퍼런 용소의 거친 회류를 거슬러
호랑이 이빨 같은 발톱을 만들고
장수의 갑옷 같은 비늘을 만들어
여의주 얻을 때까지 기다렸다

수렁의 진흙탕을 몇만 리를 기어도
미끈거린 점액질 가득 묻힌 몸뚱어리 검어지고
흐래를 가리지 않고 퍼마셔 속 썩은 냄새 배었는데
수염 몇 가닥 생겼다고 용이 될 거라 믿으면
영락없는 미꾸라지일 뿐이다.

음모陰謀

그림을 제법 그린 줄 알았다
원색의 강렬함만 도드라지게 하지 말고
사실을 섬세하게 그리라고
눈물보다 흰 전지全紙를 주었지
오른쪽에만 그려진 음흉한 발자국은
생쥐 한 마리 놀다 간 줄 알았지
종이가 너무 컸는가 싶어
전지의 절반에 절반을 주었지
이번에는 왼쪽에서 오른쪽으로 뻗은
꼬랑지 하나 그리고 있었지
흔들겠다는 것인지
자르겠다는 것인지
그리지 않은 여백과 그리지 못한 그림은
진실 혹은 음모의 공간인가
재미없는 그림은 무지렁이도 안다
되돌아오는 부메랑처럼

음모의 허물은 꾸며진 장막에서 벗는다

일찍이 신들의 마음에도

질투의 음모는 있었던 것을.

돈의 품성을 묻다

돈은 돈을 낳고

가난은 가난을 낳고

긴급재난지원금도 결국은

가난에는 기껏 백일 정도 머물다

부자들의 뱃속만 부풀린다

가난은 돈을 잃고

부자는 돈을 낳고

나라님도 구제 못 하는 가난인가?

돈은 방향을 잃고 돌지 않는다

끼리끼리 쌓이고 쌓여

부패의 우상이 되어간다

그래서 돈으로 풍기는 인품들은

구린내만 진동한 것인가

품성을 잃어버린 돈

재주 한두 번 구르고 나면

그들만의 세상은 헛바람 들고 만다

이골이 나도록 깊은 가난에, 돈은

생명의 단비라도 입술만 적신다면

있어도 아프고

없어도 아프다

줏대 없는 목

목에 힘 잔뜩 주고
억장 무너진 말만 골라서 한다

언제 잘릴지 모르는 목
살면서 힘 한번 주지 못하고
아직 붙어있음이 다행인 사람들은
폐부 찌르는 곧은 말 한마디 해주면
아픔보다 차라리 통쾌해 한다

목 잘릴 각오 없었으니
풍력발전기처럼 거대한 괴물이 되어
바람만 돌리다
밑바탕 벌겋게 드러나면
자라 모가지 닮아 쉽게 넣다 뺏다
몹쓸 탓만 하다 도리도리 한다

줏대 없는 목

후대 사람들은 어떻게 볼지

두려움을 알기나 할까

목에 힘 한번 주지 못한 운명에

차라리 삶의 향기 안으로 품었다

한 시절 끝까지

모가지 힘 빼고 살아서일까

억새꽃 은빛 곱다.

흰 또는 검은

흰 또는 검은 바탕만 보고
세상 모든 이야기 담아내는 화가
아무리 흰 말씀을 한다고 해도
숨어있는 검은 말씀은 가려낼 줄 안다
검은 없이 흰 될 수 없고
흰 없이 검은 될 수 없듯
상대를 돋보이게 한 재주는 탁월하다
부드러운 색감을 참 좋아하지만
세상 이야기 담아낼 때만은
흰 또는 검은 붓을 혼용하지 않는다
조금 희게 보였다면
그건 바탕이 검었기 때문이다
누가 더 선명한지 비춰보라고
흰 또는 검음은 공존 하는 거다
서로 인정하기 싫어 굳어버린 믿음은
악에 물든 선을 붙잡고

볼그레 치장된 말씀에 또 넘어갈 거다

초원을 누비는 양의 무리 속에서

흰 또는 검은 말씀으로 요술 부리지만

양들은 독초를 가려내고 만다.

칼춤

능란한 칼춤 앞에서는
내비치려던 심중은 감춘다

크게 내세울 게 없어도
다들 모질게 지켜야 할 삶

아파서 도려내고 싶다 한들
달은 넘칠 줄 모르니 어쩌랴

놔두면 곱고 고운 선율인데
함부로 칼춤 추지 마라.

투표

회초리 드는 날이다.
아버지가 든 회초리는
당신의 마음을 향해 있었다.
너에게 투표하는 것은
회초리 하나 들겠다는 것이다.
만약 섬기듯 사랑하지 못하면
회초리 끝은 매섭게
내가 내 마음을 칠 것이다.
너에게 투표하지 않을 때는
회초리 맞을 짓 했다는 것이다.
회초리 든 아버지 마음으로
투표해야 한다.

4부

무수無愁골 넘어가는 날

누운 구름도 몽실몽실 춤추더라

쩌렁쩌렁 이 씨 아저씨 요령 소리

가슴팍에 천공 하나 내고 넘어가는 언덕은

높지 않은 황톳길 하나이더라

울대 꺾는 선소리 하늘에 닿자 부름에 답하듯

혼돈에서 깨어난 꽃 무더기 하나 출렁하더라

설움은 설움에 꿰어야 했던 삶 내려놓고

뱀 혓바닥 같던 거짓, 허물 벗는 중이다

삶과 죽음은 경계를 허물어 공평해지고

산 자와 죽은 자는 화해의 만남을 하고

상처 많은 혼령 설움을 치유하는 땅이다

바람이 공정하니 들풀은 평안했다

이제 요령은 녹슬고 울대 꺾는 선소리 접었다

북망산천 가는 길 열어주시던 이 씨 아저씨

정작 본인 가는 길은 누가 열어주었나

해도 등진 이 씨 아저씨 요령 소리 따라

황톳길 미끄덩거려도 넘어갔던 이유는

누운 구름처럼 몽실몽실 춤추고 싶어서일 거다

새도 앉지 않는 마른 가지 버거워

울음소리 더는 내지 않은 등 휜 감나무

어쩌면 마지막 허물 벗었을 거다

이제 무수골 넘어가는 날

항아리 하나 앞세운 사람만 줄지어 간다.

선비의 길
—훈몽재에서 낙덕정까지 걸으며

곧은 일은 스치는 소리도 조용하다

휘어질 수 없는 아픔도 즐겨야 한다

선비의 끝도 없는 곧음은

넉넉하고 느슨한 길에서

당나귀의 고삐를 다잡았을 거고

가파르고 척박한 길에서는

채찍은 들지도 않았을 것이다

걸을 수 있는 길인지

걸을 수 없는 길인지

길 찾기를 제대로 하지 못하고

편한 길만 찾아다닌 성급함이 문제다

누군가 걷던 길을 또 걷고자 할 때

(바람 타지 않은 서슬 만이 서슬이다)

알고 난 후에 발 담가도 될 일이다

사과정* 앞길 얼음 박힌 줄도 모르고

나는 어설피 걷다 넘어졌다.

* 麝過亭: 麝過春山草自香(사향노루가 봄 산을 지나니 풀이 절로 향기롭다).
河西 金麟厚 선생의 시, 「百聯抄解」구절에서 지은 정자의 이름.

비양도에서

바다는 날고 싶은 날

파도 끝이라도 세운다지

매섭게 깃 세운 바람

끝닿을 곳 찾지 못해

바다에 추락하여 멍 지듯

파도 끝 질긴 욕망도

날다, 제 메아리에 꺾이고

이런 날 갈매기는

날개 접고 내려앉아

파도 끝을 넘고 있었지

먼저 날개 접을 줄 알아야

멀리 날 거라면서.

바람과 바위의 관계
―올레길 12코스를 걸으며

우리는, 차이면서 깊어지던가

영영 돌아올 수 없는 다리를 건너던가

누구도 알 수 없는 시간 공들여

바람은 바위의 얼굴을 다듬고

바위는 바람의 숨길을 터주지 않던가

어쩌다 서로에 지쳐서 힘든 날

바람은 파도를 불러와

바위의 얼굴을 보라 했고

바위는 갈매기를 불러들여

바람의 성질을 알게 했지

천년을 산다고 해도

그 마음에 들어가는 길 하나 낼 수 없는

나는, 바람도 바위도 아니던가

수월봉에서 차귀도 포구까지는

걷지 않으면 알 수 없는, 관계로

바람과 바위는 살지 않던가.

옥정호

선불리 선 그을 수 없어
새들도 날지 않았다

얼마나 깊은 사랑이면
잿빛 무거운 하늘
옥빛 가슴에다 담나

바람도 숨죽인 해거름

한번 묶인 줄 풀 수 없어
멎은 심장 이미 찬데
빈 배만 홀로 애절하다

가슴에다 묻은 사랑이여.

영벽정映碧亭*에서

그 속내 검은 줄 다 아는데
푸르게 비치길 바라는지요

굳이 죄목 하나 붙인다면
더 비울 수 없었던 삶이겠지요

삼백여 년 품은 봄
등 휜 왕버들 푸르름에는
가지 새롭게 뻗는 산통이 있었지요

비치길 거부한 한 마리 고니
빙 돌아서 호젓이 날아갑니다

강은 흐르다 잠시 연주산 비치는데
그 속내 푸르러 하늘 끝도 붙탑니다.

* 지석강물에 연주산이 푸르게 비치는 아름다운 경치를 볼 수 있는 정자.

세량지에서

해지기 전에

거꾸로 뒤집어 볼 일이다

간음 중에 잡힌 여인에게*

돌멩이를 던질 만큼 살았는지

하늘에 물어야 할 일이다

세량지 물밑

서로 어둠을 지우고 살았는지

산벚꽃과 구름은 벗했다

던져진 돌멩이가 너무 많아서

탑만 쌓이더라.

* '너희 중에 죄 없는 자가 먼저 돌로 치라'(요한복음 제8장 7절).

불회사佛會寺 가는 길

불성佛性이 깊은 덕룡산德龍山 기슭

떨어진 낙엽에서 갈구했던 향내음이 난다

동안거에 들려는 것일까, 저마다

아파서 시린 인연 내려놓았다

살아서 배운 수행을 죽어서도 하는 거다

캄캄한 밤 흔한 불빛 하나 없어

먼 유랑을 끝낸 별빛은

아귀다툼이 없고 탐욕스럽지 않은

고라니 눈망울에 잠겼다

규격화된 도시의 부속품처럼 살다

나를 잃고 고독해진 나의 꿈틀

독식하듯 타락한 사랑에 빠져

업장은 또 얼마나 쌓고 있을까

창창한 편백나무와 비자나무숲에서

백날 동안 수행하던 애기단풍

잎사귀 겉살까지 순결해져

스스로 업장을 내려놓았다.

성삼재를 넘으며

빗방울 굵기가 사납다 했더니

마지막 삶의 바탕을 지우려는 듯

차 앞 유리에서 납작 엎드렸다

물바가지 엎어놓고 둥둥 엇장단 치듯

빗소리의 주술에 취한 날

지리산 성삼재 굽잇길을

구례에서 남원으로 넘어갔다

구간 반복이 설정된 시디에서 들려온

만정*의 띠뱃놀이 구음에 깨어나는 정령들

산맥은 등을 내려놓았다

삶은, 굴곡진 산길을 올라가야 하고

푸른 파도 위를 넘는 띠배 운명이라지만

정상을 향해 기어서라도 가야 했다

와이퍼는 좌우 경계를 넘어

최대의 속도로 뽀득뽀득 밀고 있다

보지 못한 어리석음을 닦듯

지우지 못한 원한들을 닦듯

빗방울 둥둥 치는 날에는

서린 원한 녹아내린 정령들을 보고 싶어

나는 주술 하듯, 주술을 하듯

엇장단 소리에 취해서

산으로 가야 할 이유였다.

* 김소희 선생의 호(중요무형문화재 제5호).

마운대미에 가는 이유

부질없는 옛 성벽처럼

그 마음은 울타리를 치고 있었어

껍데기까지 화석이 되어버린 공룡알

그걸 하나 가슴에 품고

껍데기를 깨고 부화하길 기다렸을 거야

간, 쓸개라도 꺼내 줄 듯하던

복제된 거짓으로 꾸며진 삶 벗겨내야 했지

얼었다 녹는 것에도 아픔은 있었던 거야

여우비의 시간은 잠시였듯

직박구리 울음에

슬픔이 묻어나는 것도 잠깐이었듯

핀 꽃조차 고개 숙인 때죽나무 숲길 따라

마운대미에 가는 이유는

문지르고 씻겨내어 가벼워지고 싶었던 거야

세 치 혀보다 긴 유혹은 아팠었지
모른다고 하면 지은 죄가 더 무겁다 해서
혀로 굴린 양심 송두리째
기억나지 않는다고 할지도 몰라

아픔까지도 정지할 수 없었기에
껍데기만 더 단단해진 공룡알

마음속 소란 벗으려는 것도 잠시 잠깐
부질없는 울타리 기둥 하나 뽑지 못하고
방관적 변명 하나 늘었어.

* 磨雲대미: 구름이 문지르고 벗겨가는 정상.

아가미 닮은 귀

도랑물 해빙되자 조잘대던 날

갯버들은 낭창한 허리 굽신대지만

칠백 년 묵은 참나무 입술 꽈악 깨문다

열반의 문턱에서

큰스님 눈꺼풀은 왜 그리도 무거운지

목탁소리는 소견머리도 없다

쌍계루* 앞 약수천은

도랑이 여태껏 버리지 못한 소리를

버들치 아가미로 걸러내고 있다

소리의 먼지만 희뿌연 회색 공간에서,

참나무 묵은 세월 지그시 안고 서 있듯

넘친 도랑을 약수천은 넉넉히 담아내듯

마음 굽이 주름살 펴고 살려면

아가미 닮은 귀 하나 필요했다.

* 백양사에 있는 누각.

아프지 않게

눈먼 사랑에 길 잃은 반달

한 조각의 구름만이 위무하는 아침

인연의 고리를 끊겠다는 일은

가슴에 아픈 너울만 또다시 새기겠다는 일

산산이 해체당할 운명 앞에

아프지 않게 해 주세요 하자

폐차장 아저씨 처음 들어본다는 듯

흰 이만 그냥 드러낸다

매일매일 탈출하려는 나를 위해

너의 거친 심박동은 사과향기 지긋했었지

아! 나의 아드레날린

속 깊게 배긴 정 떼려 하니

못 해준 일들만 칼날 되어 나를 벤다.

소호동에서

여수 소호동 아침 바다여!

밤새워 출렁이더니

잔잔한 파도마저 아끼느냐

내 내면에 바다 출렁임은

그리움의 자리 지우려는

인연의 몸부림 아니겠느냐

고깃배는 삶의 매듭 풀고

맑은 영혼처럼

옥구슬 위를 구르는데

물비늘 붉은 바다여!

어쩌다 한 번쯤

먼 남쪽 바다 기세를 몰고

오장육부를 뒤집어놓고 갈

태풍을 그리워하느냐

나도 내면의 바다

뒤집히고 뒤집혀야

그리움은 사랑이었음을

알아가지 않겠느냐.

일상 엿보기

오늘 내가 없는데 뭐 할 거야?
교회도 가고 놀 거야, 그건 왜 물어?
선인장이 가시를 곤두세운 듯 찌른다
찔리는 일이 많았나 보다, 궁금해진다

자기는 남다르단다
좋은 학교에서 좋은 것을 배웠으니까
가볍게 놀아 본 일이 없었으니까

논리도 없는 혼자만의 생각을 고집스레 늘어놓기도 하고
돈이 되면 치부恥部를 드러내기도 하고

바탕[質]보다 문양[文]만 쫓는 저 허망스러움
그게 다르긴 달랐겠다

오직 몸뚱어리 힘 하나만 믿고 살아도
바탕을 지키려 근본에 충실한 자들을 보았다
굴욕과 저급한 대우에 눈물 마를 날 없어도
영혼을 지키며 사는 그들을 보았다

쉽게 생각하고, 쉽게 행동하고
부끄러움도, 흠도 모르는 일상에서
겸손만이 정심貞心을 지키나 보다.

바람은 알아야 했다

눈 찔려 본 바람은

곤두세운 가시 곁에는 얼씬도 하지 않았다

호랑가시나무꽃은

수음하다 발아래 축축 처지듯 떨어지다

홀로 붉은 씨앗을 보았다

황금빛 치장에 심장까지 노랬을 법한

애기똥풀꽃*

속으로 속으로 맹독을 품고 있는 줄

바람은 몰랐다

벌도 나비도 몰랐을 것이다

운명을 앙다물듯

못 박힌 상처의 녹을 지문이 닳도록 문질러

가시보다 퍼런 독 품지 않으리라 했음을

호랑이 발톱처럼 쭈뼛 세운 몸부림에 대해

바람은 알아야 했다.

* 맹독성 식물.

꼰지발 하고

꼰지발을 해도
그대 눈높이에는 조금씩 부족했다

빈틈없이 가득 차 단단해진 무게보다
빈 곳을 가득 채운 고독이 무거울 때가 있다

눈높이 높아지라고 꼰지발로 걷던
내 속사랑은
고독해진 숨결이 무거웠던지
그대 눈앞에서 붉음만 한 다발 이다

보듬어야 할 아픔도 전생의 빚이었나 보다

엄마 손 놓고 아장아장 걷던 어린아이
장맛비 멎고 풀잎 생기 죽순 못잖은 길섶에
차라리 주저앉아

줄지어 기어가던 개미와 눈 맞추고

위장하고 숨었던 거미와 눈 맞추고

둥글게 움츠린 콩벌레 한 마리를 잡아

내 손에 쥐여 준다

흐드러지게 핀 배롱나무 연분홍 꽃잎에

부풀어질 대로 부푼 내 가슴이 있다

눈먼 사랑에 높이를 맞추려다

잃어버린 순수어

꼰지발 하고 높아진 눈높이만큼

담고 싶은 별자리 하나 지웠음을 알아야 했다.

이별 노래
―폐차장 가면서

너는 열여섯 살이다

아직도 청춘처럼 심장은

천 리 길도 숨 가쁘지 않게 뛰는데

새 신발 지문도 사라지지 않았는데

너를 반겨줄 주인은 없나 보다

나에게 묵직하고 듬직했던 발

너와 함께한 순간이 행복이었다

눈물로 짊어지고 가는 고려장

이렇게 이별을 노래해야 하나

어쩌면 장기들을 이식하듯

너의 심장, 콩팥, 간들을 떼어주렴

또 다른 너로 살다 수명을 다하렴

안녕을 말하려 하니

내가 먼저 무너진다

쓰리고 쓰라려서 운다.

5부

무장댁 글눈 뜬 날

앞도 못 본 무장 양반 어찌 가셨소

무장댁이 글눈 뜨고 써본 첫 문장이었다

말띠 처녀는 팔자가 세다 하여

열여덟에 시집와서 보니 열네 살 많은 남자였다

무장댁 스무 살 무렵 신랑은

보리타작하다 까끄라기 눈에 박혀 앞 못 보자

팔자 센 년이 서방 눈 빼 먹었다네 하며

온갖 구박은, 구박은 다 받고 견뎌야 했다

세상눈 닫고 마음눈 열었던 남편

자식 여섯 남겨놓고 감을 수도 없는 눈 감았다

눈 감기 전 정 떼려고 모질게도 굴었음을 안다

홀로 견뎌야 했던 40년 세월

가슴 저리고 저린 이야기 어찌 다 풀 수 있으랴

한 번 보고, 들은 것도 짐작으로 거뜬히 해냈듯이

세상눈 밝았어도 글눈 어두워

농협이나, 면사무소, 우체부 아저씨에게

고개를 열두 번도 더 숙여서 부끄럼도 잊었다

만 가지 풍상도 무장댁을 꺾지는 못했다

눈 뜨고도 볼 수 없었던 것이 눈을 감으니 보이듯

글눈 뜨고 나니 집 찾아가는 길 훤해졌다

곱던 색시 얼굴로만 기억할까 봐 걱정인 무장댁

글공부 책가방에는 무장 양반 찾아갈 거라고

그리다가 멈춘 지도가 있다.

복호리 사람들 4
―정글의 지배

50년 전쯤 안 씨는

허깨비 불에 홀려 혼불 나간 거다

방향도 음습한 정글에서 삶은 헤매다

번쩍하는 불빛에 누군가 쓰러지고

천둥소리 섬광에 누군가 산화하고

처절한 몸부림을 치고라도 살아남아야 했다

잔인하게 용감했던 기억만 남아

구례구역 앞 주막에서 화염을 토설한다

누군들 저 광기 어린 눈빛을 당해내랴

심장이 까매진들

피 울음 치던 정글 속 너울을 지울 수 있겠나

술, 술, 술 그리고 또 술

증오의 대립으로 서로의 가슴에 겨눈

총부리로는 정글을 지배하지 못한다

성벽처럼 철조망 치지 말고

해자처럼 지뢰를 묻지 말고

정글이 지켜온 법칙대로 살아야 한다

마을 앞 완목식 신호기* 붉은빛만 따라가다

시기실** 공동묘지 앞에서 정신 번쩍 든 며칠 뒤

여수행 마지막 급행열차

쇠 긁는 소리 자그럽기만 하다 급히 멈춘 밤

서른도 안 된 젊음은 산화하듯

버림받은 정글로 뒤도 돌아보지 않고 바삐 갔다

지금 그를 기억하는 사람은 없다.

---

* 열차의 진행 및 정지의 운행 조건을 지시하는 기계식 신호기.
** 복호리에서 1km 정도 떨어진 지명.

아버지 웃음에는

찬수 다리* 건너가서서 이발하시고

뽀글뽀글 두부찌개만큼 주모가 맛깔난 주막에서

큰사위와 막걸리 마셨던 날처럼

없는 살림에 부잣집으로 시집가는 막내딸 앞에서

삭힌 눈물 보일 수 없어 웃어야 했던 날처럼

아버지 웃으시는 날

주름진 이마에 눈썹달은 하애졌다

당신이 먼저 웃기 위한 삶보다

가족을 먼저 웃게 하려는 삶을 사셨다

아! 비굴할수록 웃음도 비릿해진 것을

아버지 웃음에는

달빛에 그을린 돈타령이 배어있지만

세상 저울로 달 수 없는 무거움이 있었다

당신의 삶만큼 세월을 보내고서야

내 웃음도 눈물의 깊이인 듯했다.

* 구례교의 옛 이름. 구례구역 앞에 있음.

어떤 무게

밑동이 부실한 콩 떡잎 닮은 다육이

휜 허리에서 들리는 관절 무너지는 소리

중력의 무게 기대라고 나무젓가락 꽂아주었다

절정의 순간에 숨을 멈춰 붙잡았지만

마음 접고 떨어지는 붉은 동백꽃처럼

인연의 무게 견디지 못해 연인은 밤새 떠났다

짊어져야 할 짐은 유산처럼 등급이 있어도

감당해야 할 삶의 무게는 비슷하다

꽃도 피고 싶어서 짊어져야 할 짐이 있듯

살아있으니 짐을 져야 하는 운명

마음으로 지려 하니

천근이 만근 되고 말았다

아버지의 짐까지 무겁게 지고

버꾸재 오르내렸을 누렁소

대물림으로 곰국의 깊이가 뽀얗다고 생각하니

거스를 수 없는 어떤 무게에 짓눌려

나는 울컥했다.

음미

흰 비늘에서 짠맛이 났다

새벽빛 물들기 전 바람을 삼킨 벼 배불러 오면

봇도랑에 물 넘어가듯 막걸리를 목 넘기곤 했다

시큼하였을 것을

텁텁하였을 것을

관자놀이에 붙은 흰 비늘 털어내며

누룩에서 배어 나온 묵직한 향처럼 사셨다

나는 부끄럼도 모르던 젊은 날

술을 모르면 인생을 모를 거라 했고

좋은 술일수록 정신은 맑고 몸만 취한다고 했다

머름을 물들인 저녁 빛에 묵은 기억 되살리고

막걸리를 마신다. 당신의 맛을 마신다

포도주를 혀로 굴리듯 막걸리도 입안에서 굴렸다

발효된 누룩이 삶의 향기로 입안을 가득 메운다

시큼털털해도 음미하니 향미가 깊어진다

살면서 내뱉고 싶었던 쓰디쓴 맛

안으로 삼키고 버티면 단맛은 날 것이고

조각난 아픈 인연에 날 선 모서리

무심히 묻어두면 스스로 둥글어질 것이다

맛깔나게 삶을 음미해 볼 새도 없었다지만

누룩에서 밴 묵직한 당신의 향기

거기에 머물렀던 이유였을 것이다.

꽃살문 열리듯

바람 소리를 읽을 줄 알아야 한다
모서리에서 베어지는 소리를 듣고
모지락스러워야 살아가나 보다 했지
곧추선 찔레꽃 가시에 찢긴 상처는 보지 못했다
하늘에서 해체당한 바람은
찔레꽃 이파리 부들대게 하면서
다시 살아있음을 증명한다
예전 버꾸재*에서 바람을 보면
골바람은 별봉산 별꽃 향기를 품은 구음口音이 들렸고
산바람은 섬진강 면사 윤슬을 엮은 무악舞樂이 보였다
풀잎은 눕고 싶거나, 서고 싶거나
바람, 바람 바람의 숨통이 있어야 했다
수직으로 꼿꼿이 서고 싶어
복호리 사람들은 바람을 두려워하지 않았다
무릎 관절, 손가락 마디마다 가시가 자라나듯
아픔으로 돋아난 가난

지울 기력도 잃어버릴 때

태풍 앞에서 당산나무 심장 울음소리 내던 날

속울음 토해내고서 시원하게 풀린 체기처럼

바람 소리보다 진하게 아픈 뒤라야

가슴은 꽃살문 열리듯 하였다.

* 작가의 고향에 있는 재.

사랑의 무늬

향기 없는 사랑을
사랑이라 하지 말자
영혼이 맑은 사랑 앞에
파도처럼 부서진들
화산처럼 폭발한들
어머니 사랑이 변하더냐
절대자 사랑이 변하더냐
사랑은 속박이 아니라
맑은 영혼을 닮아가려는 것
만약에
전생에 없었던 사랑이
이생엔들 있겠냐마는
가슴 짓누르던 삶에
맥없이 저물어가도 좋을
영혼이 맑은
참사랑 하나 온다면
사랑의 무늬 향기롭겠다.

삶의 무늬

노을빛 고와야
하늘 무늬가 아름답듯
영혼이 맑아야
삶의 무늬 곱게 물든다

꽃자리에 씨앗을 남기려
꽃잎은 시들어가고
나이테를 단단하게 남기려
나뭇잎은 물들어가듯

삶의 무늬 하나하나에
시퍼렇게 물든 청춘 있다

밑바탕은 텅 빈 것처럼
보드란 색을 입혀야 한다
누구나
저물 삶의 무늬 그리도록.

갓바위, 침묵을 말하다

야누스의 두 얼굴처럼 우리는
버려도 될 언어에 귀를 더 쫑긋한다

바람과 물과 햇볕이 침묵하는 언덕
쓰러져 누운 풀잎은 또 일어나고 있다

침묵의 언어를 모아 가면서
여기 제 살 깎고 있는 갓바위를 보아라

부서진 파도의 언어
유랑한 별들의 언어

구멍 숭숭 난 등골에는
해독도 안 된 언어가 촘촘히 묻혀 있다

짭조름하고 반짝이는 언어
듣는 사람만 듣고 간다.

별꽃 피고

섬진강을 엄니로 알고
순백으로 산 복호리 사람들
별꽃 되어 별봉산에 피고
꼬마물떼새 때마침
젖은, 산 그림자 물고
둥지로 내려앉아 날개 접자
강물은 그제서야
꽃잎에 밴 설운 숨결을
한 올 한 올 풀어내고
물면 아래 출렁이는 은빛은
유랑 끝 고요의 별빛이고,

말바위*의 언어

내 전생에

여인의 서린 한(恨) 별이 되어

별빛 눈물로 내려와서는

천년의 옷고름 풀어주었듯이

당신의 단단하여 뜨거워진 심장

간간이 섬진강 붉덩물로 식혔다지만

뼈에 새겨진 언어 하나하나

끓는 정점에서부터 시작 되었겠지요

혼돈의 마찰 속에서도 품어야 했던

수많은 그 침묵들은

왔던 곳으로 돌아가는 윤회의 길에

검버섯 피듯 이끼꽃 피었네요

드러낼 수 없는 내상들의 꽃인지요

내 평생 내뱉던 언어는

당신의 한마디 침묵만도 못한데

내 가슴에 삐비꽃 피기 전

어느 순결한 언어의 씨앗을 뿌려야

당신의 옷고름 풀게 하나요.

* 말[馬]의 형상을 한 바위. 섬진강 은빛 모래밭 가운데 있으며 집채만큼 커서 여름에는 뛰어내려 물속으로 자맥질 하고 놀았다.

결에는

어머니 애잔한 결에는
전생의 전생이
켜켜이 쌓여 녹은
눈물이 흐르고 있다

빈틈없어 빛도 굴절 시킨
단단한 마음
어느 사랑에 마음 굽혀야
부서질 줄 알려나

이생의 모든 삶은
전생의 결을 따라 살다
다음 생을 위해
부스러져야 곱다래질 결.

길고양이

쓰레기 더미를 널브리며
한 끼를 해결한 길고양이
야생에서조차 내몰려
발정한 울음소리만 끈적댄다
양심 없이 쓰다 버린
무지의 비닐 덩어리들
미생물조차 용해시킬 수 없어
땅은 받아주지 않고
스스로 용해되길 기다린다
선심 쓴 듯, 적선한 듯
폐부를 도려낸 듯
내 무지를 파헤쳐대던
눈치 밝은 길고양이가
비난받을 짓 하지 마라
도둑처럼 되지 마라
구걸노, 궁상노 떨지 마라
주술 하고 있다.

방어

제철 만난 방어
속 훤히 드러내는 수조에서
잔물결 끊임없이 일으키며 돌다, 돌다
멀미한다.
매번 마지막 바퀴 돌고 있음을 인정한다.

싹쓸바람에 먼바다 뒤엎어진 날
좌우 거센 물결을 지느러미 곧추세우고
견뎌냈었다.

삶의 바닥을 잃은 난민처럼
삶의 자유를 통제당해 운명은 차갑다.
바다를 꿈꾼다. 파도를 꿈꾼다.

소박한 꿈마저 입가심하듯
도마 위에서 한 점 한 점 저며지지만

뼈마디 굵기를 정한 이유라든지

비늘의 색깔을 정한 이유라든지

살기 위한 비릿한 변명 따윈 포기했다.

지느러미 절개 꺾어지고

아가미 숨통도 빼앗기고

입맛대로 재단되어 가지런히 누웠다.

부릅뜬 두 눈은 자꾸 바다만 본다.

섬진강 붉덩물

붉덩물처럼

붉은 눈물 흘려봤더냐

저 산야처럼

섬진강에 발 담그고

가난하게 살아 봤더냐

데미샘*에서 흘러내린

한 방울의 눈물은

한평생 맺혔던

누이의 피눈물 아니더냐

쏟아붓거라

흘러가거라

가슴속에 응어리진 가난들

살갗에 달라붙은 허세들

세상의 모든 악취들

하나도 남김없이 쓸어 담고

왕시루봉 허리를 두르고 있던
구름 벗겨지듯
가슴 속에서 회오리치던
고독의 그림자도 벗겨내고

어여가라 어여가라
붉덩물아! 흘러가거라
한바탕 흐르고 난
그 뒷자리에는
묵은 체기가 가라앉듯
산야는 몽실해질 것이고
섬진강은 더 푸르지 않더냐

어이여라 어이여라

섬진강 붉덩물아

누이의 질박한 삶처럼

가난한 산야보다

더 낮고 낮은 곳을 찾아

아우르고, 휘감고

오랜 세월 흐르고 흘렀기에

생명의 터전 아니더냐.

* 섬진강의 발원지.

강물이 되고 싶다

나는 강물이 되고 싶다
낮은 곳보다 더 낮게 흐르는 강
산은 드러누워 발을 길게 뻗고
그 발끝 흙도 씻기며 돌고 돌아
어느덧 만난 바위
서서히 둥글어지도록
푸른 몸 더 푸르게 부딪치던 강
세월 가는 대로 흐르지만은 않았다
스스로 물때를 지우기 위해
슬겁게 흘러가는 유려함을 가졌다
드디어 바다에 이르러
삶의 여울 억울할 것 없다는 듯
파도에 운명을 하나로 섞어버린
강물처럼 살고 싶다.

※ 해설

자아성찰을 통한 삶의 희망가

허형만(시인)

 이선근 시인의 여섯 번째 시집 『여우비 오는 날 은여우는』에는 붉은 색채가 주를 이루면서 자아성찰을 통해 수유칠덕 水有七德과 같은 삶의 희망을 노래할 뿐 아니라 그러한 삶 속에서 시 창작 또한 사랑의 향기가 넘쳐나는 시를 쓰고자 하는 희망을 노래하고 있다. 그동안 이선근 시인은 많은 평론가들로부터 좋은 평가를 받아왔다. 예컨대, "존중과 양보를 바탕으로 생의 겸허함을 견지한다."(노창수)거나, "생의 외경 의식이 빚어낸 생명사상과 남도적인 삶의 서정화"(이명재), 그리고 "상상할 수 없게 견고한 시적 방법과 절제된 표현 미학을 바탕으로 사상事象에 대한 깊은 사유와 통찰을 든든한 문체와 리듬으로 형상해 내는 역량이 뛰어나다."(조명제)는 평가가 그렇다.
 이선근 시인은 이번 시집의 첫머리에서 시를 쓰면서 본질의 문제에 있어서 정직하였는지, 겸손하였는지 시가 자신에게 묻는다고, 그리고 순례길 걷는 순례자처럼 채워진 것을 비워가면서 시를 쓰고 있는지에 대해 성찰한다고 고백하고 있다. 이 고백은 "허락된 환생 시간만큼 살다가"(「새벽은 또 오고」) 떠나가는 삶이 시인 자신의 한정된 자아 속에 갇혀 있는 것이 아니라 이웃과 사물과 우주 안의 모든 생명체와의 연대의 끈을 놓지 않으려는 절실함을 보여준다. 이는 헤겔이 객관적 사물과 세계를 내면으로 끌어들여 그것을 시대정신과 절대정신으로 향하게 하는 무한한 가치의 고양이 서정시라고 정의한 것처럼 외적 세계와 내적 세계의 통일화와 내면화가 서정시의 본질임을 이선근 시인은 잘 알고 있다는 증거이다.

    나의 무명無明은
    낫살이나 건사하자고 통통해진 목
    한 번도 꺾을 줄 몰라서 왔다

    빳빳하게 치켜뜬 째진 눈꼬리
    헛된 사랑놀이 즐기려 영혼을 속였다

    진실로
    상처받은 한 영혼 사랑해 본 적 없고
    얍삽한 세 치 혀는 단물만 빨고 있었다

그 버릇 어디 가겠나
쎈 척하니 진짜 쎈놈이 왔다

내 안에 나를 꺾지는 않고
내 안에 타인만 꺾으려 했나 보다

나무는
바람의 무게에 수없이 꺾였기에
상처에 흐른 수지(樹脂) 향을 품듯
나이 무게만큼 꺾으며 살아야 했다

나를 보려거든
너를 꺾고 오라 하셨듯이.
　—「내 안에 타인만 꺾고」 전문

이 시를 읽노라면 예수님께서 "너는 어찌하여 형제의 눈 속에 있는 티는 보면서, 네 눈 속에 있는 들보는 깨닫지 못하느냐?"(마태오 7,3)고, 하신 말씀이 떠오른다. 자신의 허물은 전혀 깨닫지 못하는 사람에게 자신을 먼저 바라보고 성찰하라는 말씀이기 때문이다. "간혹 내 안에서 나는 타인이다"(「절대음감」)라고 고백하는 이선근 시인은 자신이 "낯살이나 건사하자고 통통해진 목/ 한 번도 꺾을 줄" 몰랐고, "진실로/ 상처받은 한 영혼 사랑해 본 적 없고/ 얍삽한 세 치 혀는 단물만 빨고 있었다"고 자신을 되돌아본다. "더러는/ 허세로 살았으면서/ 늘 탓만 하였"(「내심」)으며, "트집 잡는 일 하도 많아서/ 조그마한 흠은 부끄럼이 아닌 듯/ 내 흠은 보지도 못하고/ 너의 흠만 보면서/ 시를 몇 편 쓴 적이 있었"(「내 그림자」)던 것까지 자신의 삶을 한사코 포장하지 않고 억지로 꾸며서 내보이지 않는 진솔한 고백으로 쓴 시를 오랜만에 읽는다. 내(자아) 안에 타인(비아非我, 타자他者)만 꺾으며 살아왔던 자신의 삶에 대한 성찰이기에 더욱 감동적이 아닐 수 없다.

2022년 1월에 입적하신 우리 시대의 선지식이며 참스승이셨던 틱낫한 스님은 "자아는 비아非我의 요소로 구성된다. (…) 당신 자신 안에는 조상, 지구, 태양, 물, 공기, 당신이 먹는 모든 음식 등, 손으로 만질 수 있고 인식할 수 있는 비아적 요소가 아주 많다. 이것들이 당신과 별개로 보일지 몰라도 그것들이 없으면 당신은 살 수 없다. (…) 자아와 타자는 별개가 아니다. 왜냐하면 양측의 고통, 희망, 화는 거의 같기 때문이다."고 가르쳤다. 이선근 시인이 말하는 "타인"은 틱낫한 스님이 말씀하신 이 모든 것들이 포함되어 있음이 분명하다. 나무가 "바람의 무게에 수없이 꺾였기에/ 상처에 흐른 수지樹脂 향을 품듯" 말이다.

나를
해고하려 한다

비 오는 날
꽃잎에 붉은 눈물 흐르듯
너의 가슴 한편에서
출렁이도록 흐르는 눈물
바로 보지도,
바로 듣지도 못하고
영혼 없는 사랑만 나열했던
나를 단죄하련다

눈 오는 날
땅속 풀뿌리 움쩍거리듯
너의 뜨거운 심장에서
내보일 수 없는 은밀한 사랑
눈처럼 희어지는데
노을처럼 붉어지는데
옹졸한 사랑만 부풀게 했던
나는 회개하련다

내가 용서될 때까지
나는 해고다.
　　―「나는 해고다」 전문

나를 해고하다니? 해고란 국어사전에 의하면 '고용주가 사용인을 그만두게 함'을 뜻한다. 즉, 면직이란 의미이니 내가 나를 용서할 수 없어 면직한다는 시인의 이 말속에는 자신을 향한 처절한 반성의 의미가 내포되어 있다. 첫 연의 "나를/ 해고한다"와 마지막 연의 "내가 용서될 때까지/ 나는 해고다"라는 이 단호함은 백비白碑를 보며 "침묵에서 숨소리조차 올곧게"(「백비」) 듣고자 함이며, 꽃꽃하게 솟아오른 난蘭처럼 "오기 하나까지/ 불뚝 세울 수"(「난蘭」) 있기를 갈망함에 다름 아니다. "인연은 쌓는 것보다 지워가야 하는 나이/ 내려놓으려면 날개도 무거운 거다/ 쪼뼛 오르고 싶은 마음은 두려워하자"(「빗줄기도 뼈가 있다」)며 자신을 경계하고 다스리는 시인은 "너의 가슴 한편에서/ 출렁이도록 흐르는 눈물/ 바로 보지도/ 바로 듣지도 못하고/ 영혼 없는 사랑만 나열했던" 자신이 이제 "내, 내면의 바다여/ 너 앞에서 출렁임을 끝내고/ 잔잔해"(「감꽃」)지기를 바라고, "내면의 바다/ 뒤집히고 뒤집혀야/ 그리움은 사랑이었음을"(「소호동에서」) 알아가고자 소망한다.

시와 철학 관계나 한사코 서양 이론을 빌리지 않을지라도 실존은 고독이다. 이 고독을 불면이 아닌 철야 속에서 절저하게 들여다보지 않고는 내 안의 또 하나의 나를 발견하기가 쉽지 않다. 다시 말해 이선근 시인은 철저하게 내 안의 나를 찾아 인생의 순례길을 걸어왔으며, 그리하여 마침내 또 하나의 나를 발견한 순간 "나를 해고한다"고 선언한 것이다. "인간은 바닷가 모래사장 표정처럼 사라질 것"이라는 푸코의 말처럼 우리 인생이 그럴 줄 알면서도 살면서 얼마나 또 하나의 '나'에 집착하며 아집 속에 갇혀 사는가. 우리가 이선근 시인의 시를 새로운 시각으로 읽어낼 수 있음은 단지 자기반성 때문만은 아니다. 날개를 접고 내려앉아 파도 끝을 넘고 있는 갈매기를 보며 "먼저 날개 접을 줄 알아야/ 멀리 날 거"(「비양도에서」)라든가 "천년을 산다고 해도/ 그 마음에 들어가는 길 하나 낼 수 없는/ 나는, 바람도 바위도 아닌"(「바람과 바위의 관계」) 것을 깨닫거나 불회사 가는 길에 "규격화된 도시의 부속품처럼 살다/ 나를 잊고 고독해진 나"(「불회사 가는 길」)를 발견하기 때문이다.

여우비 통통 튀며 섬진강 건너온 날
범골에서 숨어 살던 은여우 내려와 재주 부렸다
연둣빛 포플러 잎사귀는 팔랑이었다

"황소 눈깔은 주먹만 하대"
"아냐, 아무리 커도 탱자만 해"

아무것도 모르면서 마냥 우긴 그때가 열 살이었다
한 무리의 애들은 꼬리 자르기를 하면서 앞서가고
은여우, 나보고 저만치 떨어져서 홀로 걸어라 했다

애들은 고구마꽃 핀 밭에 숨어 서리하고
나는 토라진 마음을 아직도 풀지 못한 채
홀로 걷는 길은 질긴 침묵이었다

은여우는 어쩌면 그때 말했을 것이다
"너는, 너의 선택적 침묵으로
말 없는 복종에 저항하고 있는지도 몰라"

여우비 유리벽에 퉁퉁 부딪힌 날
도시살이에 맛 들인 은여우 얄팍한 잔꾀만 늘었다
밟히면 자르고, 밟히면 또 자르려고
도마뱀처럼 꼬리는 자꾸 자라났다

포플러 잎은 연둣빛 벗고 제법 성숙한 초록이다
은여우는 말 없는 복종을 원하는데 난 침묵만 한다
익숙한 변명 반복하여 참말인 듯 속이고 또 속인다
속셈 훤히 드러났는데 또 그 속셈 부린다

진짜 꼬리 감추려고 변신에 변신을 하는데
꼬리 밟기 놀이에 빠져 신명만 내고 있었던 거다

여우비 오는 날 은여우는

내 열 살 때 그리움마저 소환해 갔다.

　　—「여우비 오는 날 은여우는」 전문

    열 살 때의 그리움을 소환하되 그중에서도 여우비 오는 날을 핵심적으로 추억하면서 설화적 긴장감을 느끼게 한다. 전설에 의하면 구름이 여우를 사랑했는데 여우는 구름을 버리고 돈 많은 호랑이한테 시집을 갔다. 그래서 구름이 햇살 뒤에 숨어 몰래 눈물을 흘렸다. 그게 맑은 날 비가 잠깐 오는 여우비가 되었다고 한다. 그래서 흔히 햇빛은 쨍쨍한데 잠깐 비가 내릴 때 '호랑이 장가간다'라거나 '여우가 시집간다'라고 말한다. 열 살 때 "여우비 통통 튀며 섬진강 건너온 날" 친구들과 "황소 눈깔" 크기로 다툰 후 "한 무리의 애들"과 어울리지 못하고 혼자가 되어 길을 걷는데 밤골에서 숨어 살다가 내려온 은여우로부터 "너는, 너의 선택적 침묵으로/ 말 없는 복종에 저항하고 있는지도 몰라"라고 위로하는 말을 들었을 것이라고 상상한다. 다시 말하면 이때부터 은여우가 자신의 또 하나의 '나'로 자리하기 시작하면서 자신의 성격이 형성되었을 것임을 암시하는 대목이다. 그 성격은 성장하여 어른이 되어서 "도시살이에 맛 들인 은여우 얄팍한 잔꾀만 늘었다/

밟히면 자르고/ 밟히면 또 자르려고/ 도마뱀처럼 꼬리는 자꾸" 자라났음을 되돌아본다. 그만큼 어른이 되면서 순수성을 잃었음에 대한 회한이기도 하다. 순수성을 잃은 화자인 나는 "익숙한 변명 반복하여 참말인 듯 속이고 또 속이"고 "속셈 훤히 드러났는데 또 그 속셈 부린다". 이 모든 변신은 또 하나의 '나'인 '은여우'의 변신술이 작용한 것이다. 결국 여우비 오는 날 은여우는 열 살 때 그리움마저 소환해 감으로 해서 시인의 순수한 정신을 잃은 셈이 되고 말았다.

그렇다고 시인이 은여우의 변신과 조종에 속거나 끌려다니지는 않는다. 여우비가 지나가는 시간은 잠깐에 불과함으로 비록 열 살 때의 순수성은 잃었지만, 그 대신 나이가 들년서 사신을 돌아보고 성찰하면서 "쉽게 생각하고, 쉽게 행동하고/ 부끄러움도, 흠도 모르는 일상에서/ 겸손만이 정심을"(「일상 엿보기」) 지키고, "여우비의 시간은 잠시였듯/ 직박구리 울음에/ 슬픔이 묻어나는 것도 잠깐이었듯/ 핀 꽃조차 고개 숙인 때죽나무 숲길 따라/ 마운대미에 가는 이유는/ 문지르고 씻겨내어 가벼워지고"(「마운대미에 가는 이유」) 싶어 구름이 문지르고 씻겨가는 산 정상으로 향하는 것이다. 이러한 자아성찰이 있었기에 지금, 이 순간 이선근 시인의 삶의 무늬는 아무래도 남다를 수밖에 없으리라.

노을빛 고와야
하늘 무늬가 아름답듯
영혼이 맑아야
삶의 무늬 곱게 물든다

꽃자리에 씨앗을 남기려
꽃잎은 시들어가고
나이테를 단단하게 남기려
나뭇잎은 물들어가듯

삶의 무늬 하나하나에
시퍼렇게 물든 청춘 있다

밑바탕은 텅 빈 것처럼
보드란 색을 입혀야 한다
누구나
저물 삶의 무늬 그리도록
　—「삶의 무늬」 전문

　삶의 무늬는 곧 삶의 정신, 삶의 철학을 의미한다. 왜냐하면 한 삶을 살아가는데 그 사람의 삶에 대한 정신과 철학이 녹아들어 삶의 무늬가 결정되기 때문이다. 이러한 삶의 정신과 철학은 자아와 비아의 관계 속에서 이루어진다. 이 세상의 어떠한 것도 나와 무관한 건 하나도 없다. 생텍쥐페리는 소설 『우연한 여행자』에서 "우리는 서로가 만나기 위해서 노력해야 한다"라고 말한다. 들판 저 멀리에서 깜박이고 있는 불빛들과 의사소통이 되도록 최선을 다해야 한다는 것이다. 아메리카 원주민들은 한결같이 '만물이 서로 연결되어 있다'고 믿는다.

이선근 시인도 "이생의 모든 삶은/ 전생의 결을 따라 살다/ 다음 생을 위해/ 부스러져야 곱다래질"(「결에는」) 것이라고 믿는다. "마음을 몰라준다고 하면서/ 마음을 보여주지는 않았"(「가을, 사랑앓이」)던 것이나 "마음에 회벽 치듯/ 딱 부러지게 보이지도 않는/ 경계의 끄트머리에다/ 선 긋고 싶어 혈안"(「계절의 경계에서」)이 되어 괜한 마음으로 경계선 긋고 있었던 삶에 대한 성찰이 있기에 "노을빛 고와야/ 하늘 무늬가 아름답듯/ 영혼이 맑아야/ 삶의 무늬 곱게" 물듦을 알게 되었음을 비로소 고백할 수 있었지 않았을까. 이제 나이 들어 "저물 삶의 무늬 그리도록" "밑바탕은 텅 빈 것처럼/ 보드란 색을 입혀야 한다"고, 말할 수 있음은 삶의 무늬가 얼마나 중요한가를 강조한 셈이다.

영화 〈벤허〉의 주인공은 "삶이 곧 기적"이라고 말한다. 지금, 이 순간 기적을 체험하며 살아가는 삶의 무늬는 정신에 의해 채색된다. "정신은 불, 불꽃, 불타오르기, 연소다". 하이데거의 말이다. 하이데거의 정신에 대한 정의에 동의한다면 이선근 시인처럼 우선 낮게 부는 바람에도 눕던 풀잎이 이슬방울에 휘어졌다가 바람이 지나가고 바람의 무게를 비워냄으로써 "다시 허리를 편다"(「비움」)는 진리를 깨달아야 한다. 그때에야 비로소 영국 시인 스윈번처럼 "바다 위를 걷는 바람의 발이 빛나는 곳"을 볼 수 있을 것이다. "흙은 녹아야 빛을 품듯/ 삶도 녹아서야 향기를 발하는 것처럼"(「달항아리 깨진 날」) 말이다. 그러고 보면 결국 '삶의 무늬'는 곧 '사랑의 무늬'라는 사실에 도달한다.

> 향기 없는 사랑을
> 사랑이라 하지 말자
> 영혼이 맑은 사랑 앞에
> 파도처럼 부서진들
> 화산처럼 폭발한들
> 어머니 사랑이 변하더냐
> 절대자 사랑이 변하더냐
> 사랑은 속박이 아니라
> 맑은 영혼을 닮아가려는 것
> 만약에
> 전생에 없었던 사랑이
> 이생엔들 있겠냐마는
> 가슴 짓누르던 삶에
> 맥없이 저물어가도 좋을

영혼이 맑은

참사랑 하나 온다면

사랑의 무늬 향기롭겠다.

　　―「사랑의 무늬」 전문

　그 많은 사람들이 사랑을 말하지만, 이선근 시인은 변하지 않는 어머니 사랑처럼, 절대자의 사랑처럼 사랑은 향기가 있어야 하고 영혼이 맑아야 한다고 강조한다. 그 예로 "영혼 없는 사랑은 타락한 쾌락만"(「폼페이의 연인」) 남기기 때문이다. 따라서 진정한 사랑은 마음에 있다고 믿는다. "내가 내 마음을 믿지 못하면/ 영혼은/ 고독해진다"(「마음의 산」)는 시인은 "선이 고우면/ 베일 듯한 푸른 날은 없고/ 양분하는 경계의 끝도 없"(「나비의 춤」)음을 모르는 바 아니지만, 자신 스스로 수만 개의 마음이 엮이어 "더러는 녹슨 모습으로/ 톱니바퀴에 맞물려 있"(「반송返送」)고, "방향을 잃고/ 독기 서린 눈 부라린 적 한두 번이"(「외출」) 아니었음을 고백한다.

　한 생을 살아가면서 "사랑은 속박이 아니라/ 맑은 영혼을 닮아가는 것"을 깨달은 시인은 옥정호를 바라보며 "얼마나 깊은 사랑이면/ 잿빛 무거운 하늘/ 옥빛 가슴에다"(「옥정호」) 담느냐고 감탄한다. "시인은 언어의 바깥에 있다"는 사르트르의 말대로라면 이선근 시인의 사랑은 차라리 '사랑' 밖에 현존하고 있는 것인지도 모른다. 왜냐하면 "만약에"라는 단

서를 붙이긴 했지만 "전생에 없었던 사랑이/ 이생엔들 있겠냐마는/ 가슴 짓누르던 삶에/ 맥없이 저물어가도 좋을/ 영혼이 맑은/ 참사랑 하나" 오기를 갈망하고 있기 때문이다. 이러한 참사랑에의 갈망은 "바람 숨소리 편하면/ 풀잎이 춤을 추고/ 꽃이 춤을 추고/ 나무도 춤을 춘다"(「춤추게 하려면」)라는 시인의 깊은 사색에 의해서만 가능한 것으로 보인다. 그렇다. 사색하는 정신의 깊이만큼 사랑의 갈망은 깊어진다. 그래서 사랑의 무늬는 삶의 무늬를 더욱 황홀하게 채색하는지도 모른다.

> 나는 강물이 되고 싶다
> 낮은 곳보다 더 낮게 흐르는 강
> 산은 드러누워 발을 길게 뻗고
> 그 발끝 흠도 씻기며 돌고 돌아
> 어느덧 만난 바위
> 서서히 둥글어지도록
> 푸른 몸 더 푸르게 부딪치던 강
> 세월 가는 대로 흐르지만은 않았다
> 스스로 물때를 지우기 위해
> 즐겁게 흘러가는 유려함을 가졌다
> 드디어 바다에 이르러
> 삶의 여울 억울할 것 없다는 듯
> 파도에 운명을 하나로 섞어버린

강물처럼 살고 싶다
—「강물이 되고 싶다」 전문

  이 작품은 이선근 시인의 여섯 번째 시집의 정신과 사상을 관통하는 작품이다. 이 시집의 정신과 사상이라 함은 곧 이선근 시인의 삶의 정신과 사상을 말한다. 물론 이선근 시인이 훈몽재에서 낙덕정까지 걸으며 쓴「선비의 길」에서 "곧은 일은 스치는 소리도 조용하다/ 휘어질 수 없는 아픔도 즐겨야 한다"고 선비의 끝도 없는 곧음을 흠모한 것도,「타래」에서 "인연에 얽힌 타래 풀고 나면/ 산을 지우는 꽃노을 붉으리라/ 저 꽃인 양, 나도" 향기로운 꽃처럼 붉은 단심丹心을 간직하고자 함도 그렇다.

  노자는 인간이 가져야 할 덕목을 물의 일곱 가지 성질, 즉 수유칠덕水有七德으로 가르친다. 이선근 시인도 그 가르침대로 "강물이 되고 싶"어 한다. "낮은 곳보다 더 낮게 흐르는 강"에서 첫 번째 덕목인 '겸손'을 배운다. 그 겸손으로 강물에 드러누워 발을 길게 뻗은 발끝의 흠도 씻겨주고자 한다. 흐르다가 "어느덧 만난 바위/ 서서히 둥글어지도록/ 푸른 몸 더 푸르게 부딪치"는 강물 따라 둘째 덕목인 '지혜'와 셋째 덕목인 '포용력'을 배운다. 강물은 흘러가면서 "스스로 물때를 지우기 위해/ 즐겁게 흘러가는 유려함을 가졌" 듯 넷째 덕목인

'융통성'과 다섯째 덕목인 '인내'를 배운다. "드디어 바다에 이르"는 여섯째 덕목 '용기'와 함께 "삶의 여울 억울할 것 없다는 듯/ 파도에 운명을 하나로 섞어버린" 일곱 번째의 '대의'를 배운다. 그러기에 "강물처럼 살고 싶다"는 시인의 삶의 정신은 독자들에게 빛으로 스며들 것 같다.

이선근 시인의 이 물에 대한 정신은 「섬진강 붉덩물」에서도 잘 녹아있다. 길이 225km의 섬진강은 전라북도 진안군 백운면 신암리 팔공산의 북쪽 1,080m 지점 서쪽 계곡(이 지점을 이선근 시인은 데미샘이라 함)에서 발원하여 흘러내려 하동군 금성면과 광양시 진월면 경계에서 광양만으로 흘러든다. "가슴속에 응어리진 가난들/ 살갗에 들러붙은 허세들/ 세상의 모든 악취들/ 하나도 남김없이" 붉은 황토가 섞여 흐릿하게 흐르는 붉덩물이 한바탕 쓸려 내려가고 나면 "그 뒷자리에는/ 묵은 체기가 가라앉듯/ 산야는 몽실해지고/ 섬진강은 더 푸르러지는" 물의 힘과 덕성을 삶의 희망으로 노래한다.

한마디로 이선근 시인의 삶의 정신은 희망에 있다. 이 희망은 시인 자신뿐만 아니라 이웃과 우주에까지 확대된다. 「빛의 순수여」에서 자신의 생의 역경을 통해 "빛은 어둠을 만나서 순수해"지듯 "마음속 녹슨 불신 때문에/ 서로가 절망에 처하면/ 따숩게 산란"하기를 희망하고, 「나무의 꿈」에서는 백두산에서 한라산까지 모든 나무들처럼 "우리도 어우러져 살다

가야 할지니/ 내가 너와의 분열을 녹이고/ 네가 나와의 원망을 녹이고/ 지금, 숭고하게 녹아내리"기를 희망하면서 이선근 시인은 오늘도 "속은 줄 알면서 길들여지는/ 운명의 관성이 싫어/ 또 시를"(「길들이다」) 쓰되 "소리 없이도 읊어지는/ 그런 시"(「소리 없이 읊어지는」)를 "가슴에 성호를 그리고 합장을"(「봄날」) 하며 쓰고 있다.

현대시학시인선 097

여우비 오는 날 은여우는

초판 1쇄 발행	2022년 8월 30일
지은이	이선근
발행인	전기화
책임편집	서종현
발행처	현대시학사
등록일	1969년 1월 21일
등록번호	종로 라 00079호
주소	서울시 종로구 계동길 41
전화	02-701-2341
블로그	http://blog.daum.net/hdsh69
이메일	hdsh69@hanmail.net
배포처	(주)명문사 02-319-8663
ISBN	979-11-92079-34-9 (03810)

○ 책값은 뒤표지에 있습니다.
○ 이 책의 판권은 지은이와 현대시학사에 있습니다.
  이 책 내용의 전부 또는 일부를 재사용하려면 반드시 양측의 서면 동의를 받아야 합니다.
○ 잘못 만들어진 책은 구입하신 서점에서 교환해드립니다.